Républicain

X

662

(6...)

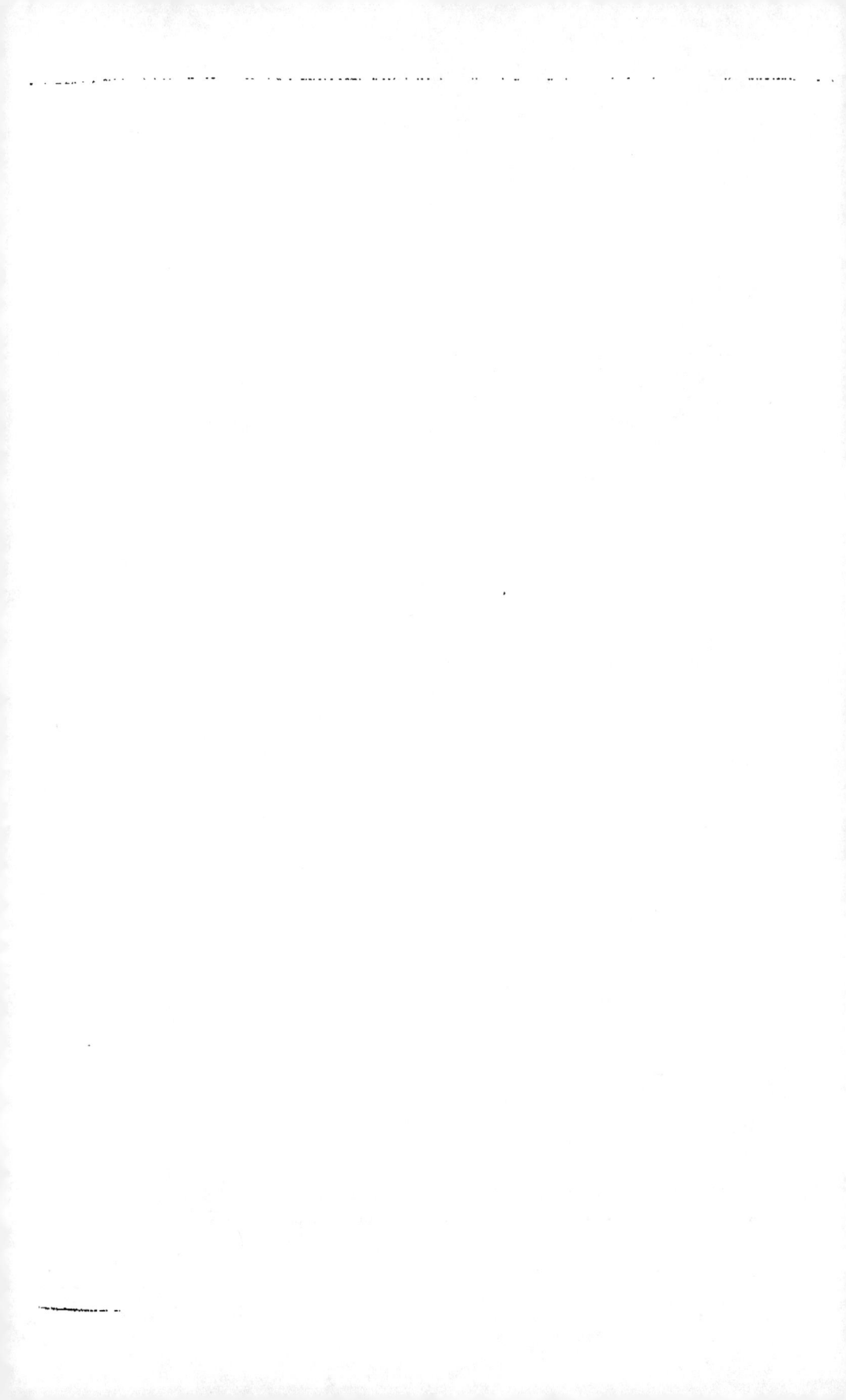

6349.

Républicain

LIVRES Elémentaires d'instruction républicaine, à l'usage des trois premiers âges de l'Enfance, & que l'on trouve chez AUBRY, libraire à Paris, rue Baillet, n°. 2, entre les rues de l'Arbre-sec & de la Monnoïe.

649

POUR LE PREMIER AGE.

Syllabaire républicain.　　　Prix 3 s.
Le Premier Livre républicain, par le citoyen *Marcarel.*　　　Prix 1 l. 5 s.

POUR LE SECOND AGE.

Les Premières Notions de la Morale, *ou* Dialogues propres à inspirer aux Enfans du deuxième âge toutes les vertus civiques & à les préparer à bien entendre la Déclaration des Droits.　Prix 6 s. la feuille contenant 32 pages.

Petit traité de Grammaire française, *ou* Notions Elémentaires propres à préparer les Enfans à l'étude de cette science, & à faciliter à ceux qui n'ont appris qu'A LIRE ou à parler PATOIS le moyen de participer aux avantages ap préciables de l'Instruction publique.
　　　　　　　　　　　　Prix 6 s.
Elémens d'Arithmétique simple, dans lesquels on développe particulièrement le calcul décimal & les règles à faire pour apprendre à se servir des nouvelles mesures.　　　Prix 10 s.

SYLLABAIRE

RÉPUBLICAIN,

POUR LES ENFANS

Du premier âge.

Prix, 3 fols.

PARIS,

Chez AUBRY, Libraire, rue Baillet, entre
celles de la Monnoie & de l'Arbre-fec.

An II de la Republique.

Chanson du Papa ou de la Maman à l'Enfant qui lira bien.

Air : *De la Carmagnole.*

Si mon petit Fanfan lit bien, *bis.*
Je ne lui refuserai rien ; *bis.*
　Je le caresserai,
　Et puis je lui ferai
　Danser la Carmagnole,
　　Au joli son, *bis.*
　Danser la Carmagnole,
　Au joli son du violon.

Chanson des mêmes à l'Enfant qui lira mal.

Même Air.

Mais si mon Fanfanet lit mal, *bis.*
Au lieu de le mener au bal, *bis.*
　Je l'enverrai bien loin,
　Seul dans un petit coin,
　Danser la Carmagnole,
(Ici un geste représentant l'action du fouet que
　l'on donne aux enfans.)
　Au vilain son, *bis.*
　Danser la Carmagnole,
　Au vilain son du violon.

A B C D E F
G H I K L M
N O P Q R S
T U V X Y Z.

A B C D E F G H
I K L M N O P Q
R S T U V X Y Z.

a b c d e f g h
i j k l m n o p
q r ſ s t u v x y
z & æ œ w ſi ſſi ſi
ffi ſſ fl ffl ſt ɛt , ; : .
? ! é à è ì ò ù â ê î û

4

a b c d e f g h
i j k l m n o p
q r ſ s t u v x y
z & æ œ w ſi ſſi ſt
ffi ſſ fl ffl ſt ct ſl ſß

a b c d e f g h i j k l m n o p q r ſ s t
u v x y z & ff ſt fl ct ff fl ffl æ œ.

Voyelles,

A   E   I   O   U.

Conſonnes,

B C D F G H K L M N P
Q R S T V X Y Z.

ba	bé	bê	be	bi	bo	bu
ca	cé	cê	ce	ci	co	cu
da	dé	dê	de	di	do	du
fa	fé	fê	fe	fi	fo	fu

ga	gé	gê	ge	gi	go	gu
ha	hé	hê	he	hi	ho	hu
ja	jé	jê	je	ji	jo	ju
la	lé	lê	le	li	lo	lu
ma	mé	mê	me	mi	mo	mu
na	né	nê	ne	ni	no	nu
pa	pé	pê	pe	pi	po	pu
qua	qué	quê	que	qui	quo	quu
ra	ré	rê	re	ri	ro	ru
sa	sé	sê	se	si	so	su
ta	té	tê	te	ti	to	tu
va	vé	vê	ve	vi	vo	vu
xa	xé	xê	xe	xi	xo	xu
za	zé	zê	ze	zi	zo	zu
bla	blé	blê	ble	bli	blo	blu
bra	bré	brê	bre	bri	bro	bru
chra	chré	chrê	chre	chri	chro	chru
cla	clé	clê	cle	cli	clo	clu
dra	dré	drê	dre	dri	dro	dru

fra	fré	frê	fre	fri	fro	fru
gla	glé	glê	gle	gli	glo	glu
gna	gné	gnê	gne	gni	gno	gnu
gra	gré	grê	gre	gri	gro	gru
gua	gué	guê	gue	gui	guo	guu
pla	plé	plê	ple	pli	plo	plu
pra	pré	prê	pre	pri	pro	pru
pha	phé	phê	phe	phi	pho	phu
spa	spé	spê	spe	spi	spo	spu
sta	sté	stê	ste	sti	sto	stu
tla	tlé	tlê	tle	tli	tlo	tlu
tra	tré	trê	tre	tri	tro	tru
tha	thé	thê	the	thi	tho	thu
vra	vré	vrê	vre	vri	vro	vru

Les proches Parens.

PAPA, Maman, mon frère, ma sœur, mon oncle, ma tante, mon cousin, ma cousine, mon voisin, ma voisine, mon bon ami, ma bonne amie.

Les animaux.

Le petit chat, le petit chien, le
le petit lapin, le coq, les poules, le
cheval, l'âne, la vache, le mouton, la
chèvre, l'agneau.

La nourriture.

Du pain, du vin, de la viande, des
légumes, du lait, du beurre, des œufs,
du fromage, des pommes, des poires,
des prunes, des cerifes, des guignes,
des grofeilles, des abricots, des pê-
ches, des raifins.

Les meubles & uftenciles.

Une cueillère, une fourchette, un
couteau, des cifeaux, des peignes, des
bas, des fouliers, des fabots, une cu-
lotte, des jupons, un chapeau, une
coiffe, un fichu, un tablier.

Petites phrafes détachées.

Si mon petit fanfan lit bien, il aura
un beau tambour.

Si c'eſt ma petite fille, on lui donnera une belle poupée.

Il ne faut jamais approcher du feu crainte d'y tomber.

Il ne faut pas non plus mentir, parce que cela n'eſt pas beau.

Allons, faiſons l'exercice : Pa ta pa tapan.. Portez... arme! ...Préſentez... arme! mi-tour... à droite! mi-tour... à gauche.! En joue?.. feu!! repoſez-vous.... arme.... En retraite.... Pa ta pa ta pan, pa ta pa ta pan.

VIVE LA LIBERTÉ,
VIVE L'ÉGALITÉ,
VIVE LA RÉPUBLIQUE
UNE ET INDIVISIBLE.

LES QUATRE ÉLÉMENS.

L'air,	Le feu,
La terre,	L'eau.

LES DIX COMMANDEMENS

DE LA

RÉPUBLIQUE FRANÇAISE.

1 Français ton pays défendras,
  Afin de vivre librement.
2 Tous les tyrans tu pourfuivras,
  Jufqu'au-delà de l'Indoftan.
3 Les lois, les vertus foutiendras,
  Même, s'il le faut, de ton fang.
4 Les perfides dénonceras,
  Sans le moindre ménagement.
5 Jamais foi tu n'ajouteras,
  A la converfion d'un grand.
6 Comme un frère foulageras,
  Ton compatriote fouffrant.
7 Lorfque, vainqueur, tu te verras,
  Sois fier, mais fois compâtiffant.
8 Sur les emplois tu veilleras,
  Pour en expulfer l'intriguant.
9 Le dix août fanctifieras,
  Pour l'aimer éternellement.
10 Le bien des fuyards verferas,
  Sur le Sans-culotte indigent.

LES SIX COMMADEMENS

DE LA

LIBERTÉ.

1 A ta section tu te rendras,
  De cinq en cinq jours strictement.
2 Connoissance de tout prendras,
  Pour ne pêcher comme ignorant.
3 Lorsque ton vœu tu émettras,
  Que ce soit toujours franchement,
4 Tes intérêts discuteras,
  Ceux des autres pareillement.
5 Jamais tu ne cabaleras,
  Songe que la loi le défend.
6 Toujours tes gardes monteras,
  Par toi-même & exactement.

RELIGION.

La religion consiste à ne pas faire
à autrui ce que nous ne voudrions
pas qui nous fût fait.

DIVISION DU TEMPS.

L'année, qui est de trois cens soixante-cinq jours, se divise en douze mois, & cinq jours complémentaires, appelés *Sans-culottides*.

Le mois se divise en trente jours, ou trois décades.

Le jour en dix heures.

L'heure en cent minutes.

Et la minute en cent secondes.

LES MOIS DE L'ANNÉE.

AUTOMNE.

Vendemiaire, ou mois des vendanges.
Brumaire, ou mois des brouillards.
Frimaire, ou mois des gelées.

HIVER.

Nivôse, ou mois des neiges.
Pluviôse, ou mois des pluies.
Ventôse, ou mois des vents.

PRINTEMPS.

Germinal, ou mois de la sève.
Floreal, ou mois des fleurs.
Prairial, ou mois des prairies.

ÉTÉ.

Messidor, ou mois des moissons.
Thermidor, ou mois de la chaleur.
Fructidor, ou mois des fruits.

Noms des jours de la Décade.

Primedi, Duodi, Tridi, Quartidi, Quintidi, Sextidi, Septidi, Octidi, Nonidi, Décadi.

NOMBRES.

UN	I	1
DEUX	II	2
TROIS	III	3
QUATRE	IV	4
CINQ	V	5

Six	VI	6
Sept	VII	7
Huit	VIII	8
Neuf	IX	9
Dix	X	10
Vingt	XX	20
Trente	XXX	30
Quarante	XL	40
Cinquante	L	50
Soixante	LX	60
Soixante-dix	LXX	70
Quatre-vignt	LXXX	80
Quatre-vingt-dix	XC	90
Cent	C	100
Deux cents	CC	200
Trois cents	CCC	300
Quatre cents	CCCC	400
Cinq cents	D	500
Six cents	DC	600
Sept cents	DCC	700
Huit cents	DCCC	800
Neuf cents	CM	900
Mille	M	1000

Ce qui compose une République.

La Nation *ou* le Peuple.

Les Affemblées primaires.

Les Repréfentans du Peuple *ou* l'Affemblée nationale.

Le Pouvoir exécutif *ou* les Miniftres.

Les Magiftrats du Peuple.

Les Repréfentans de la Commune.

Le Maire.

L'Agent national.

Les Tribunaux civils.

Les Tribunaux criminels.

Les Tribunaux révolutionnaires.

L'Accufateur public.

Les Généraux d'armée.

Les Capitaines.

Les Soldats.

Les Citoyens & Citoyennes.

Les Enfans.

SERMENT RÉPUBLICAIN.

Nous promettons, en républicain ; que nous exterminerons tous les tyrans, tous les defpotes coalifés contre notre fainte liberté ; que nous promènerons le niveau redoutable de l'égalité pour abattre tout ce qui s'élèvera au-deffus de l'expreffion folemnelle de la volonté générale ; que nous prêterons l'appui fraternel de notre bras à tout républicain opprimé ou injuftement perfécuté ; que nous ferons toujours la force du foible & le contre-poids du puiffant, les amis des citoyens indigens, & les implacables ennemis de l'opulent égoïfte ; que nous combattrons & pourfuivrons tous les abus, reftes impurs de la monarchie & d'un defpotifme corrupteur ; que nous protégerons les chaumières, & renverferons tout ce qui pourroit inquiéter la liberté ; qu'autant qu'il fera en notre pouvoir, nulle baftille

ne restera sur la terre, nul tyran sur
son trône, nul peuple dans les fers;
que tous les hommes trouveront en
nous des frères & tous nos concitoyens
des soutiens inébranlables de la république française une & indivisible,
NOUS LE JURONS par les droits im-
mortels de l'homme & du citoyen.

Chanson de l'Enfant à son Papa ou à
sa Maman, quand il a bien lu, en
réponse au premier couplet.

AIR : *Robin ture lure lure.*

CHER Papa, donne un baiser (1).
A Fanfan pour sa lecture.
Tu dois le faire danser,
    Ture lure.
Eh bien, soutiens la gageure,
    Robin ture lure lure.

(1) Si c'est à la Maman que l'enfant s'adresse,
faut lui faire dire : *Chère Maman un bai...*

POUR LE TROISÈME AGE.

Cathéchifme de la Conftitution républicaine; mis à la portée des jeunes citoyens français. Prix 8 s.

Epîtres & Evangiles du Républicain, pour toutes les Décades de l'année, à l'ufage des jeunes Sans-culottes, par *Henriquez*. Prix 15 s.

Catéchifme français républicain, par un *Sans-Culotte français.* Prix 8 s.

Notions de Géographie, de Phyfique & d'Hiftoire naturelle. (*Sous preffe.*)

La nouvelle Civilité républicaine, deftinée particulièrement à l'inftruction des Enfans des *Sans-culottes* peu fortunés. (*Sous preffe.*)

On trouve chez le même Libraire :

Cérémonie en l'honneur de l'Egalité, de la Liberté & de la Raifon propre à être exécutée tous les Décadis dans toutes les Communes de la République. Prix 6 s.

Petit Décadaire d'Inftruction publique, contenant entre autres objets le nouveau Calendrier, accompagné d'une explication fommaire des objets d'Economie rurale remplaçant les Saints, & dix tables propres à faciliter l'application des *nouvelles mefures* au commerce. Prix 15 s.

On y trouvera également,

Les tableaux du *nouveau Maximum*, diftribués en 20 fections. Prix 6 s. la feuille de 16 pag.

www.ingramcontent.com/pod-product-compliance
Lightning Source LLC
Chambersburg PA
CBHW061803040426
42447CB00011B/2459